JN192774

中国の歴史★現在がわかる本

★第三期★ **1**

13〜14世紀の中国

監修／渡辺信一郎　著／吉野正史

かもがわ出版

はじめに

2016 年の「日中共同世論調査*」によると、中国人が日本に対していだく感情が少し改善されてきたことがわかりました。この背景には、2016 年に入ってから日本を訪れる中国人観光客が前年比で 3 割以上増加し、彼らが「日本人は礼儀正しくマナーを重んじる」と感じ、また、「日本の環境は美しく自然が豊かである」ことに好印象をもっていることがあげられています。

また、中国の子どもたちのあいだでは、ドラえもんやピカチュウなど、日本の漫画やキャラクターが大人気。子どものころから好きだった漫画を生んだのが日本だということで日本にやってくる人たちもいます。そもそも中国の「漫画」という言葉自体、日本語から中国語になったものなのです（→第一期 1 巻 P28）。

2009 年、中国南京にある「侵華日軍南京大屠殺遇難同胞紀念館（南京大虐殺記念館）」で、日本漫画家協会の漫画家たちの戦争体験を描いた原画展覧会が開かれました。その際、日本人漫画家の絵を見て、日本軍が中国人を何十万人も屠殺（虐殺）してきたとばかり思っていたが、日本の人びとも戦争で苦しんでいたことをはじめて知ったと語る中国人が非常に多くいたといいます（来場者数 240 万人）。

写真：石川好

★

ところが、同じ世論調査で日本人の中国に対するイメージは悪くなっています。その理由としては「尖閣諸島周辺の日本領海や領空をたびたび侵犯しているから」「中国が国際社会でとっている行動が強引だから」などがあげられています。しかし、このような今だからこそ、日本人は、中国・中国人についてもっと理解し、どうしたらもっとよい関係をつくっていけるのかを考えなければなりません。でも、そんなことは、国や政治家の考えることで、自分たちには関係ないと感じる人も多いのではないでしょうか。

★

東日本大震災のとき、中国もすぐに救援隊を派遣してくれたことは、よく知られています。しかし、1923 年の関東大震災のときにも、中国から支援を受けていたこと（→第一期 1 巻 P16）は、今の日本人はほとんど知りません。もっともっと中国や日中関係を知って、よかったことを生かし、よくなかったことを反省していかなければなりません。しかし、日本人が中国史について学ぶのは、中国大陸の北のほうからモンゴル人が攻めてきて、中国を支配し、元という王朝を建てたとか、北方民族に支配されていた漢民族が自らの王朝を復活させたなどというように、おもに中国大陸の王朝交代の歴史がふつうです。また、豊臣秀吉と明王朝、江戸幕府と清王朝というように国（あるいは王朝）、支配者の視点から日中関係史を勉強します。

★

国と国との関係で、王朝が交代したからといって、人びとの日常生活が急激に変化するわけではありません。一方、一般市民の運動が国を動かすことがあるのは、世界の例をあげればきりがありません。過去の中国でも、そうしたことがありました。近年でも、そのような動きが現にあります（→第一期 3 巻）。だからこそ、日中関係をもっとよい関係にしていくにはどうしたらよいか、自分たち自身で考えなければならないのです。

こうした考えから、一般によく見かける王朝交代史や、支配者どうしの日中関係史でない、これまでにないシリーズにするために、専門の研究者 11 人が集まり企画したのが、このシリーズ「中国の歴史・現在がわかる本」です。

第一期	第二期	第三期
1 20 世紀前半の中国	紀元前から中国ができるまで	13 〜 14 世紀の中国
2 20 世紀後半の中国	2 度目の中国ができるまで	14 〜 17 世紀の中国
3 21 世紀の中国	13 世紀までの中国	17 〜 19 世紀の中国

★

「中国の本というのは漢字ばかりでむずかしそう」と思う人もいるかもしれませんが、漢字の国・中国の歴史の本となれば、漢字が多くなってもしかたありません。しかも、今回集まったのは、中国史の専門家です。文章も、むずかしいところがありますが、がんばって読んでください。今、日本と中国をふくむ世界の情勢は、大きな転換点をむかえています。ぜひ、今後の日中関係を考えるのに役立てていってください。

* 「言論NPO」と「中国国際出版集団」による「第12回日中共同世論調査」。

もくじ

監修のことば

　中国はいつから中国になったのでしょうか。中国は4000年以上の歴史をもっています。しかし、4000年のむかしから、現在の中華人民共和国の領域を前提にして歴史をはぐくんできたわけではありません。中国は、最初は首都とその近辺を指すことばでした。その歴史は、周辺の諸地域、諸民族との交流をつうじて、段階的に今日の中国まで展開してきたのです。

　「中国の歴史・現在がわかる本」のシリーズ全9巻は、日本との関係も視野に入れて、それぞれの段階の中国をとらえなおし、中国の歴史と現在を全体として鳥瞰できるようにしています。21世紀をになう若い世代が中国への理解をさらに深める機会になることを期待します。

渡辺信一郎

モンゴル高原は現在のモンゴルと中国北部の内モンゴル自治区にまたがる広大な高原地帯。古くから遊牧民が活躍し、13世紀にはモンゴル帝国誕生の舞台となった。

1 「大きな中国」と「小さな中国」

現在の中国（中華人民共和国）は、ロシア、カナダ、アメリカに次いで、世界第4位の国土を領有しています（外務省資料準拠）。しかし、その歴史をふりかえると、つねにそのような広大な領域を統治していたわけではありませんでした。

■「伸縮」する中国

　中国の長い歴史のなかでは、巨大な帝国があらわれた時期と、中小の国や勢力がならびたつ時期がくりかえされてきました。これを「大きな中国」と「小さな中国」として見る考え方があります。「小さな中国」は漢族（➡第二期2巻P5）を中心とした人びとのくらす地域のみを支配した国家、「大きな中国」はその「小さな中国」をふくみつつ、さらに周辺のさまざまな民族のくらす地域をも支配した帝国ということになるでしょう。そのため、「大きな中国」を理解するうえでは、国土の広大さ以上に、それにともなう多様性に注意をはらうことが大切になります。

漢（➡第二期1巻）や唐（➡第二期3巻）などは、代表的な「大きな中国」の時代でしょう。一方、宋（➡第二期3巻）や明（➡第三期2巻）などは、「小さな中国」として見ることのできる時代です。しかし、このような「伸縮」をくりかえしつつも、「中国」と見なされる領域は確実に拡大していきました。そしてそのような「中国」の拡大のなかで、もっとも大きな区切りとなったのが、この巻で取りあげる13〜14世紀という時代です。

　この時代に中国を支配したのは、モンゴル高原からあらわれた遊牧民たちが建立したモンゴル帝国の宗主国「大元ウルス」という国でした。中国風には「元（元朝）」ともよばれます。

用語解説

駅伝（ジャム）：中国では古代から「駅」と「伝」という施設を設け、文書の伝達や官僚の宿泊に用いられた。駅とは馬を利用するもの、伝とは馬車を利用するもので、あわせて駅伝制とよばれる。モンゴル帝国では、駅に相当するものとして「站」（モンゴル語でジャムまたはジャムチ）という施設が置かれた。ジャムを利用するためには「パイザ」という通行証が必要とされたが、これはモンゴル帝国の家臣や官僚だけでなく、必要であれば商人や宗教指導者などにも発給された。

■「ユーラシア時代」の到来

　モンゴル帝国は、中国全土をおさめる「大元ウルス」を中心とし、ユーラシア大陸（➡第二期１巻P4）のはるか西方にも進出して領域を拡大していきました。その結果、ユーラシア大陸の東西地域が結びつき、世界史上でも特色ある平和な交流の時代が生まれました（➡P14）。

　このような交流のなかで、もっとも重要な役割をはたしたのが、「駅伝（ジャム）」とよばれる交通ネットワークです。モンゴル帝国が築いたネットワーク網は、東は日本海沿岸から、西はドニエプル川、ドナウ川、アナトリアまでを結びつけました。モンゴル帝国の時代、ユーラシア大陸はかつてない密度で交流をもち、それは現在へとつながる「グローバリゼーション」の直接的なはじまりとなったとも考えられています。

モンゴル帝国（イェケ・モンゴル・ウルス）を打ちたてたチンギス・カン（左）と、大元ウルスを建国し、中国を統一したクビライ・カーン（右）。

駅伝を利用するためには、大元ウルス政府が発行した「パイザ」という通行証が必要だった。パイザをもつ者には、移動に必要な馬や食べ物、宿が提供された。書かれている文字は、チベット仏教の高僧・パクパ（➡P22）がつくった「パクパ文字」。
メトロポリタン美術館所蔵

■現代中国とのつながり

　大元ウルスは、さまざまな面で現在の中国に直接つながる要素をもちました。そのひとつの例が、首都北京です。大元ウルスより前、「大きな中国」と見なすことのできる国家はすべて、より南の地域に首都を置いていました。大元ウルスは、中国の北半分を領有した金（➡P7、32）を引きつぐかたちで、「大きな中国」としては最初に現在の北京に都をかまえました。そして、その後の明、大清グルン＊（中国風のよび名は清）、現在の中華人民共和国にいたるまで、北京は中国の首都としての地位を保ちつづけています。

　現在の中華人民共和国と中華民国（台湾）は、自らを大清グルンの継承国家と認識していますが、じつは大清グルン自身は自らを大元ウルスの後継者と見なしていました。つまり、大元ウルスはある意味、現代中国の直接の源流であるともいえるでしょう。そのため、現代の「大きな中国」の多様性を理解するためのさまざまなヒントが、大元ウルスの時代にもかくされているのです。

＊「グルン」は、清を建国した満洲族（女真族が改名した名前、➡第三期３巻P6）の言葉で、集落や国家という意味。

15世紀に朝鮮でつくられた世界地図。これは大元ウルスでつくられた地図をもとにしており、大元ウルスの人びとが世界をどのようにとらえていたかを示す重要な史料である（➡P16）。
龍谷大学図書館所蔵

アナトリア：黒海、地中海、エーゲ海にかこまれる西アジアの半島地域で、「小アジア」ともよばれる。現在はトルコが領有している。10〜16世紀ごろのイスラム世界（➡P28）では「ルーム」とよばれ、そのよび名は中国に伝えられて『明史』などの中国の歴史書にも書かれている。

5

中国内モンゴル自治区にある、契丹国の時代の仏教遺跡（遼中京城遺址大明塔）。契丹国は仏教を厚く信仰し、寺院や仏像をさかんにつくった。

2 新しい民族と国

（10世紀前半〜13世紀はじめ）

中国が唐、五代十国、宋（北宋・南宋）の時代をむかえていたころ（➡第二期3巻）、その周辺では、こうした王朝とならびたつ有力な国ぐにがあらわれました。

契丹国の建国とあらたな国際秩序

唐の時代に中国の北、モンゴル南部で勢力をのばしていた、契丹という遊牧民族がいました。916年に耶律阿保機という人物が皇帝となり、「契丹国」を建国しました。契丹はモンゴル族に近い民族で、モンゴル語に似た言葉をつかっていましたが、中国の制度や文化も取りいれ、中国風の国号として「遼」とも名乗りました。

やがて、契丹国は渤海や後唐という周辺国を征服し、当時「燕雲十六州」とよばれた土地（現在の北京市周辺の地域）を手に入れました（➡第二期3巻P14、15）。当時、契丹国は北中国の一部分を領土としただけでしたが、その後、北の遊牧民の王朝が中国を統治していく大きなきっかけとなりました。

1004年、契丹国と北宋のあいだに「澶淵の盟」という同盟が結ばれました（➡第二期3巻P17）。この同盟に従って、両国は毎年使節団を送りあい、問題が起きた際には文書をやりとりするなどして信頼関係の維持につとめ、120年にわたって平和な関係を築きました。

金の皇帝・海陵王

1115年、契丹国に対して挙兵した女真族の完顔阿骨打が皇帝となり、「大金（金）」という国を建てました。金は、契丹国を打ちたおすと、さらに南の北宋へと攻めこみ北中国を領土としました。敗北した契丹は中央アジアに逃亡し、そこで「西遼」という国を築きました。

金の4代目の皇帝に海陵王（1122〜1161）という人物があらわれました。海陵王は、女真族でありながら漢族などの官僚を積極的に登用し、中国の制度もより大胆に導入しました。現在の中国の首都は北京ですが、歴代の中国王朝が北京に首都を置いたことは、海陵王の時代にはじまりました。海陵王はさらに北中国と南中国を統一するため、南宋へと兵を進めました。しかし戦争に反対する王族たちのクーデターにより失敗し、中国の統一はモンゴル族のクビライ・カーンの登場を待つことになります（➡P13）。

西夏と大理

10〜13世紀、現在の甘粛省と雲南省にあたる地域には、ともにチベット系民族によって建てられた「西夏」と「大理」という国がありました。西夏は正式な国号を「大夏」といいますが、これは「華夏」という言葉に由来します。華夏とは中華、つまり中国のことです。西夏と大理の支配者は、宋や遼、金などと同じく皇帝の称号を名乗りました。中国の皇帝は、本来ひとりしか存在してはならないものです。しかし当時、中国の周辺の国ぐにでも皇帝を名乗る者があらわれ、宋の皇帝と同等かそれ以上の力をもったことにより、東ユーラシアは複数の勢力がならびたつ時代をむかえました。

その後、モンゴル帝国の時代、西夏と大理はともにモンゴル帝国に併合されました。このことは、とくに雲南が中国の一部と見なされるようになる大きなきっかけとなりました。

● 各国の文字

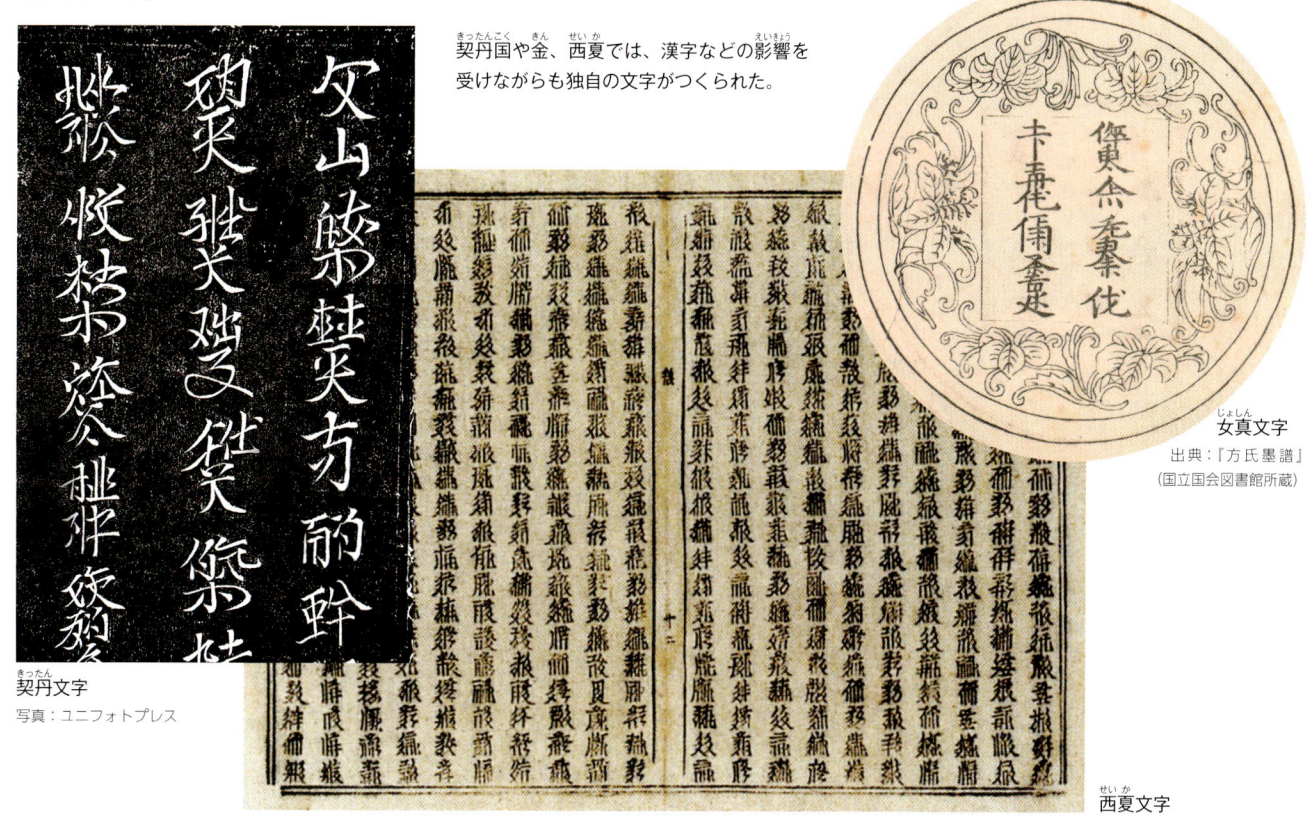

契丹国や金、西夏では、漢字などの影響を受けながらも独自の文字がつくられた。

契丹文字
写真：ユニフォトプレス

女真文字
出典：『方氏墨譜』
（国立国会図書館所蔵）

西夏文字

モンゴルの首都ウランバートル郊外に立つチンギス・カンの巨大像。2002年から約6年かけてつくられ、全長は40m（台座をふくむ）。モンゴルや中国内モンゴル自治区では、チンギス・カンは建国の英雄として今も多くの人に尊敬されている。

3 モンゴル帝国の出現と中国

（12世紀前半〜1234年）

南宋と金が対立していたころ、中国北方のモンゴル高原では、複数の遊牧民の部族が勢力を競いあっていました。そうした部族を統一し、モンゴル帝国を築いたのがチンギス・カンです。

テムジンのモンゴル高原統一

12世紀初頭、モンゴル高原に、モンゴル族のカブル・カンという人物があらわれ、大きな勢力を築きました。カブル・カンは金を打ちやぶり、金は毎年モンゴルに物資を送ることを条件に講和を成立させました。金は南宋に対しては優勢でしたが、モンゴルには劣勢を強いられていたのです。

カブル・カンの死後、モンゴル高原では複数の部族が内紛状態におちいりました。カブル・カンの子孫のひとり・テムジン（1162ごろ〜1227）は、金に協力して共通の敵対勢力をたおすなどして力をたくわえ、モンゴル族のリーダーとなりました。1206年にモンゴル高原の遊牧民を統一したテムジンは、カンに即位してチンギス・カンと名乗りました。モンゴル帝国の成立です。

チンギス・カンは、支配下にあるすべての遊牧民を95の「千戸（1000人の兵士を出すことのできる世帯の単位）」へと編成し、功績のあった臣下たちをその指揮官である千戸長に任命しました。これを「千戸制」といいます。千戸とは、モンゴル帝国の、軍事・政治・行政・社会の根幹となる組織で、その長である千戸長は行政官であり、軍事指揮官でもありました。すなわち、国家の行政組織と軍事組織が表裏一体の関係にありました。これは、チンギスが建てたあらたな国家の特徴であり、伝統的な中国の王朝とは大きく異なる点でした。

イェケ・モンゴル・ウルス

「モンゴル帝国」とは後世の歴史家が名づけたものです。もともと、モンゴルの人びとは自らの集団をモンゴル語で「カムク・モンゴル・ウルス」とよんでいました。日本語では「すべてのモンゴルの集まり」という意味になります。「ウルス」とは人の集まりをあらわす言葉ですが、転じて国家の意味ももちました。チンギス・カンは、

用語解説

カン：遊牧民の君主が用いた称号で、「王」とほぼ同じ意味をもつ。カンは同時代に複数いるのがふつうで、チンギス・カンは自らをカンのひとりと認識していたと考えられる。一方、チンギスのあとをついだオゴデイ（→P10）は、唯一絶対の皇帝を意味するために「カーン」（カガンに由来）を使用した。なお、カンはハン、カーンはハーンとも表記されるが、これはカタカナではモンゴル語の発音を正確に書きあらわせないためである。モンゴル帝国の時代には、カン、カーンに近い発音だったと考えられている。

自らの国家を「イェケ・モンゴル・ウルス」とよびました。漢字では「大蒙古国」と書かれました。「イェケ」は「大きい」を意味しますが、ここでは「偉大なリーダーチンギス・カン」を意味したと考えられています。国名そのものが、チンギス・カンとその一族を中心とした国のあり方を明確にあらわしていたのです。

モンゴルの金征服

1211年、チンギス・カンは全軍で金に攻撃をしかけました。このときのモンゴル軍の目的は、金の軍馬と官牧（軍馬を生産するための国営牧場）を奪うことにありました。馬は当時の内陸地域では最強の兵器であり、大量の軍馬と官牧を奪われた金は劣勢に立たされました。また、このとき金の統治下にあった契丹人の多くがモンゴル帝国の配下となりました。

首都中都（現・北京市）を攻めおとされた金は、南の開封に首都を移してもちこたえましたが、1234年、ついに開封を占領され滅亡しました。

もっとくわしく
皇帝の親衛隊「ケシク」

千戸制とならんでモンゴル帝国の柱となったのが、「ケシク制」だ。「ケシク」とは、遊牧民の君主を交代で順番に護衛する組織のこと。チンギス・カンはもともと小型のケシクをつくっていたが、即位後それを大幅に拡充して1万人の組織とした。ケシクはモンゴル人を中心にしつつも、さまざまな国や民族の出身者がいた。

ケシクは、軍事組織でありながら、君主の生活全般を支える組織であるとともに、エリート（社会や集団のなかで指導的な役割をもつ人）を育てる機関でもあった。ケシクに入ったさまざまな出身の子弟たちは、ケシクとしての任務をやりとげるなかで「モンゴル」としての自覚をはぐくみ、実績を積むにつれ国家組織の中心的な役割を担うようになった。

君主の食事の世話をするケシク。このほか、君主の衣服を用意する者や書記をつとめる者など、さまざまな役割分担があった。

もっとくわしく
馬と鉄

モンゴル帝国が急速に領土を拡大した原因のひとつに、強大な騎馬軍団の存在があげられる。しかし、騎馬軍団は当時の内陸の国ぐにのどこにでもあるものであり、必ずしもモンゴル帝国だけがもっていたものではなかった。

モンゴルの人びとは、騎兵を有効活用するために馬具の軽量化につとめた。これによりモンゴルの騎兵は、金などよりも大きな機動力を得ることができた。

同時に、チンギス・カンは鉄の確保に大きな力を注いだ。近年の考古学の成果により、モンゴル帝国の最初の首都だったアウラガ遺跡には大規模な製鉄施設があったことが判明している。鉄資源と製鉄技術を確保することにより、騎兵をより有効に活用したことがモンゴル帝国拡大の背景にあった。

アウラガ遺跡：現在のモンゴル東北部のヘンティー県にある遺跡。1992年から日本とモンゴルの共同チームによる調査が進められ、現在ではモンゴル帝国の最初の首都であると考えられている。遺跡は南北500m、東西1200mに広がり、皇帝の住居と推定される宮殿跡も見つかっている。また、鉄工房も発見されたことから、アウラガ遺跡で鉄の武器などが生産されていたことがわかり、ここがモンゴル帝国初期の重要な後方支援基地としての機能をもっていたと考えられるようになった。

9

モンゴル帝国の拡大と分裂

モンゴル帝国の成立後、チンギス・カンとその一族は近隣の西夏や金、南宋などへ侵攻しました。それと同時に、ユーラシア大陸の西方へも軍を進めていきました。

西への拡大

1219年、チンギス・カンが率いるモンゴル帝国の軍は、当時中央アジアでもっとも強大な力をもっていたホラズム国に遠征し、翌年に打ちやぶりました。1227年にチンギス・カンが亡くなると、その三男のオゴデイ（1186~1241）がモンゴル帝国のあらたな君主となりました。オゴデイは「カン」より上位の称号として「カーン（皇帝）」と名乗り、領土をさらに広げるための政策をおしすすめました。以後、ユーラシア大陸西方への侵攻は、おもにチンギス・カンの息子とその子孫たちによっておこなわれていきます。

ジョチ・ウルス

1235年、チンギス・カンの長男ジョチの子バトゥを司令官とするモンゴル軍はロシアに侵攻し、さらに東ヨーロッパのハンガリーやポーランドまで侵略しました。バトゥは、現在のカザフスタンやキルギスにまたがるキプチャク草原に本拠地をかまえ、自らのウルス（国）を建てました。これを「ジョチ・ウルス」または「キプチャク・カン国」とよびます。

ジョチ・ウルスはその後分裂をくりかえしましたが、その後継国家である「クリミア・カン国」は1783年まで存在し、現在でもクリミア半島には一定数のモンゴル人がくらしています。

フレグ・ウルス

第4代カーンのモンケの時代には、モンケの弟のフレグを指揮官として中東遠征がおこなわれました。フレグ率いるモンゴル軍は1256年にイランのイスマーイール派を、1258年にイラクのアッバース朝を滅ぼし、さらにシリア・エジプトのマムルーク朝に攻めいろうとしました。ところが1259年にモンケが急死し、1260年にその知らせを受けたフレグはシリアに先鋒部隊だけを残してモンゴルに帰ろうとします。先鋒部隊はマムルーク朝と戦いますが大敗してしまい、モンゴル帝国の西方への拡大はここで止まることとなりました。一方、フレグはイランまで引きかえしたとき、モンゴルで次のカーンの座をめぐる内戦が起きていること（➡P12）を知り、イランにとどまって自らのウルスを建てました。これを「フレグ・ウルス」または「イル・カン国」とよびます。

東への拡大

モンゴル帝国はチンギス・カンの時代に西夏を征服し*1、さらに朝鮮半島の高麗と中国の金、そして南宋への侵攻を計画しました。

高麗に対する戦争で中心となったのはチンギス・カンの弟とその子孫たちでした。チンギス・カンの弟たちはそれぞれウルスをもち、なかでも末弟テムゲ・オッチギンの子孫の国「オッチギン・ウルス」は非常に大きな力をもっていました。高麗政権はモ

用語解説

ホラズム国：1077年から1231年にかけて存在した国で、「ホラズム・シャー朝」ともよばれる。第7代君主のときに西遼（➡P7）を破って領土の一部を奪うなどし、中央アジアからペルシア湾やアフガニスタンにかけての広大な地域を支配下に置いた。

イスマーイール派：イスラム教シーア派の一派。1090年にイスマーイール派の流れをくむニザール派がイランのアラムートに要塞をかまえ、暗殺者集団を組織した。モンゴル帝国に敗れるまで、2世紀にわたって周辺諸国の多くの政治家や軍人を暗殺した。

1258年、フレグ率いるモンゴル軍がアッバース朝の首都バグダードを攻撃するようすを描いた絵（『集史』より）。
写真：ユニフォトプレス

ンゴルへの抵抗を続けましたが、1259年ついに降伏しました。

　一方、1234年に金を滅ぼした（➡P9）オゴデイ・カーンはさらに南に軍を進め、南宋を攻撃しました。しかしモンゴル軍は地理的に不利な戦いを強いられ、南宋軍に敗れます。その後、モンケ・カーンも南宋攻略の途中でたおれ、南宋征服の事業は次のカーンであるクビライ[*2]へと受けつがれました。クビライによって建てられた国が大元ウルス（元）です（➡P12）。

● モンゴル帝国を構成したウルス

このように、西のジョチ・ウルスやフレグ・ウルス、東のオッチギン・ウルスや大元ウルスなどさまざまな国が建てられ、モンゴル帝国は分裂の時代をむかえたようにも見えます。しかし、これらの国はただひとりのカーンのもとに、チンギス・カンの子孫としてのきずなによって結ばれてもいました。大元ウルスのカーンを中心として、数多くのウルスが政治的にゆるやかに統合された状態が、モンゴル帝国のあらたな国のかたちでした。

[*1] 西夏への遠征はチンギス・カンの時代に5回おこなわれ、チンギス・カンが亡くなったのと同じ1227年に西夏は滅亡した。
[*2] モンゴル語の発音の表記方法のちがいにより、「フビライ」ともいわれる。

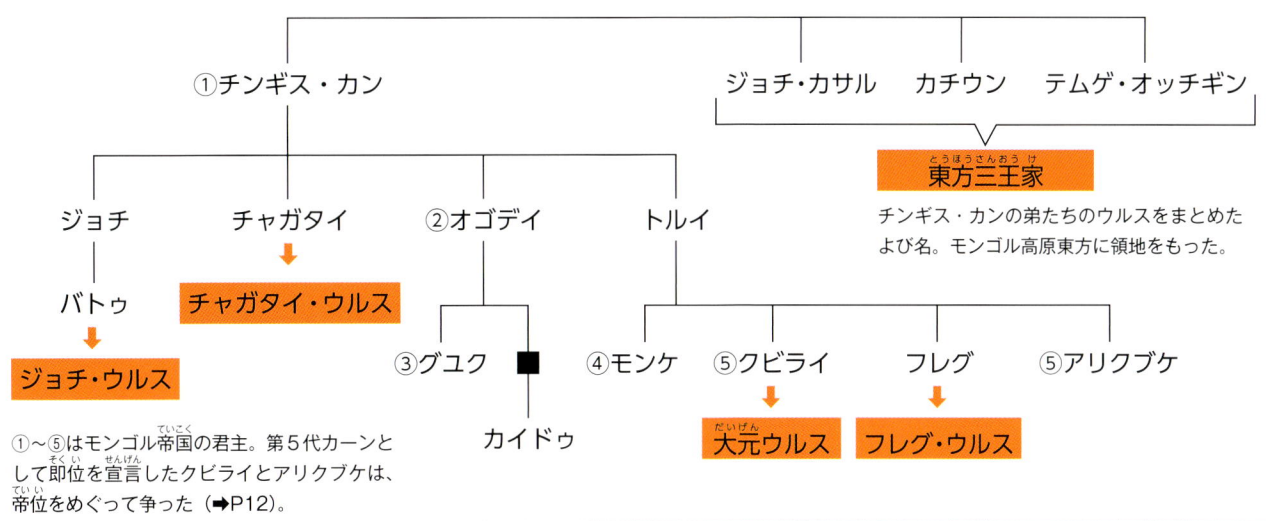

①～⑤はモンゴル帝国の君主。第5代カーンとして即位を宣言したクビライとアリクブケは、帝位をめぐって争った（➡P12）。

東方三王家
チンギス・カンの弟たちのウルスをまとめたよび名。モンゴル高原東方に領地をもった。

狩猟をするクビライ・カーン（黒い馬に乗る白い毛皮の人物）を描いた「元世祖出猟図」（部分）。まわりにいる従者たちのなかには、黒人と思われる黒い肌の人物も見られ、クビライがさまざまな人種や民族の人を登用していたことがうかがえる。　写真：ユニフォトプレス

4 大元ウルスの中国統一
（1259年〜1276年）

第4代カーンのモンケの死後、その弟のクビライとアリクブケが第5代カーンの座をめぐって争います。内戦に勝ったクビライは「大元ウルス（元）」を建国し、南宋を征服して中国統一をはたしました。

兄弟の戦い

　1259年、自ら南宋攻略の指揮をとっていたモンケが四川の釣魚山（現在の重慶市合川区にある山）で亡くなりました。モンゴル帝国では、カーンが死去すると「クリルタイ」という大会議であらたなカーンが選出されます。このときは、モンケの2人の弟、クビライとアリクブケがそれぞれクリルタイを開き、自身が正当なカーンであると主張しました。カーンとなるには、チンギス・カンの血筋であることが条件となりましたが、その条件を満たす者が複数いたときには、多くの場合軍事力がもっとも重要な鍵となりました。

　東方三王家（➡P11）などの支持を得たクビライは、アリクブケに対して攻撃をしかけ、勝利をおさめます。弟をたおし唯一のカーンとなったクビライは、現在の北京市にあらたな首都「大都」を建造し、1271年、国号を「大元」と定めました。「大元ウルス（元）」とよばれる国家の誕生です。

クビライの南宋征服

　第2代カーンのオゴデイの時代から、モンゴル帝国は南宋に対して2度にわたって攻撃をおこないましたが、水軍と山城を中心とした南宋の防衛体制に敗北を喫していました。

　クビライは漢族を登用することで水軍と海軍を拡張し、河川と海上の支配権を手に入れました。

堅牢な城塞都市に対しては、包囲戦を展開し、「マンジャニーク（回回砲）」という大型投石器なども投入することで、戦争を優位に進めました。クビライは、元来モンゴル帝国の大きな武器だった騎馬部隊にたよらず、現地の地形や環境にあった戦いをすることを選んだのです。また、クビライは民族や文化にとらわれず優秀な人物をブレーン（政治家の相談役をつとめる専門家）として登用するなど、合理的な考え方の持ち主でした。1276年、大元ウルスは南宋を破り、中国を統一しました*。

＊1279年に南宋最後の皇帝が亡くなり、南宋は完全に滅亡した（➡第二期3巻P25）。

■あらたな帝国の完成

南宋の時代、江南地域（長江の南の地域）の開発が進み、ペルシア湾やインド洋の沿岸地域との交易もさかんになっていました。南宋をたおした大元ウルスは、世界有数の経済力をもっていた江南を手に入れました。

クビライの統治下で、モンゴル族などの遊牧民を中心とした軍事力、江南を中心とした中国の経済力、ムスリム商人を中心とした商業力がつながり、大元ウルスは大国として完成しました。また、ユーラシア大陸の東と西は、さらに緊密に結ばれていくことになります。

写真：ユニフォトプレス

南中国にある福建省泉州市（左写真）は、唐代から貿易港として栄えた。大元ウルスの中国統一後には「海のシルクロード」の拠点となり、さまざまな人種の人がくらす国際都市として発展した。泉州海外交通史博物館には、大元ウルスの時代に活躍したムスリムたちの墓石などが残されている（右写真）。

● もっとくわしく

ムスリム政治家アフマド

クビライを支えた重臣のひとりに、ムスリム（イスラム教徒）のアフマド（?〜1282）という人物がいた。クビライの皇后チャブイの使用人だったアフマドは、財務長官にまでのぼりつめ、大元ウルスに莫大な収入をもたらした。しかしその方法は、中国の伝統的な税制とはまったく異なるものだったため、漢族の官僚からは大きな非難を受けた。漢族の王朝・明の時代につくられた歴史書『元史』では、アフマドは姦臣（悪い臣下）とされている。一方、イスラム教がさかんだったフレグ・ウルス（➡P10）で成立した『集史』という歴史書のなかでは、名臣と評価されている。文化的背景が異なれば、同じ人物に対する評価も正反対になってしまうことの一例といえる。

『元史』：1369年から1370年にかけて明が編纂した大元ウルスの歴史書。明が自らの正統性を示すため、大元ウルスの滅亡前に急いで編纂を進めたことから、漏れや重複が多い。一方、原史料が忠実に記載されており、現在では史料として重視されている。

『集史』：フレグ・ウルスで編纂され、1314年に完成した歴史書。ペルシア語で書かれ、イスラム・ペルシア文化の歴史観の影響を受けながらも、モンゴル人自らの視点が反映された歴史資料として非常に高い価値をもつ。

13

大元ウルスの時代に建てられた天体観測所「観星台」（河南省登封市、世界遺産）。当時、こうした観測所が中国各地に建造され、精密な天体観測の記録を活用して授時暦がつくられた。

5 モンゴル時代の東西交流
（13世紀後半〜14世紀なかごろ）

モンゴル帝国の時代、ユーラシア大陸の東西はたがいに大きな刺激をあたえあい、それは学術・科学・建築・美術などにはっきりとあらわれました。

「パクス・モンゴリカ」の時代

モンゴル帝国がユーラシア大陸の東西を統合したことにより、世界史上でもまれな交流の時代が生まれました。これは「パクス・モンゴリカ（モンゴルの平和）」ともよばれます。

モンゴル帝国の支配者たちは、民族・宗教・文化のちがいにとらわれることなく自らに有用なものは積極的に利用しました。そのため、帝国統治下の各地ではさまざまな人の集団が、多様な目的のため活発な移動をくりかえしました。たとえば、大元ウルスはさまざまな技能・能力をもつムスリムを熱心に自国に招き、その数は100万にのぼるともいわれています。逆に、イランのフレグ・ウルス（➡P10）では、東方から招かれた漢族

やウイグル人（➡第二期3巻P27）などが重要な役職についていたことが知られています。

新兵器「マンジャニーク」

長江の支流・漢水流域に、襄陽と樊城という2つの都市がありました（現・湖北省襄陽市）。ここは南宋にとってもっとも重要な防衛拠点で、モンゴル軍の前に高く立ちはだかっていました。

この都市を攻略するため、クビライは「マンジャニーク」という巨大な投石器を投入しました。この新兵器をつくるため、クビライはフレグ・ウルスから技術者たちをよびよせたのです。

中国にも投石器はあり、西夏との戦争ですでにモンゴルは中国式の投石器を導入していました

用語解説

ジャマール・ウッディーン（生没年不詳）：クビライ・カーンにつかえたイラン人。天文学、暦学、地理学をとくに得意とした。1267年に、クビライに「万年暦」というイスラム暦を献上した。

1271年に首都大都に回回司天台（イスラム天文台）が設立されると、その長官となった。

が、それは戦争に大きな変化をもたらすものではありませんでした。

　フレグ・ウルスから招かれた技術者たちは、中国でマンジャニークをつくりあげ、クビライの勝利に大きく貢献しました。知恵と技術をもつ人びとがユーラシア大陸の東西を移動し、歴史を動かした一例といえるでしょう。

■「授時暦」から見えるもの

　大元ウルスでは、イラン系ムスリムのジャマール・ウッディーンを中心としてイスラムの技術による天体観測と暦の編纂がおこなわれました。その活動をもとにつくられた「授時暦」は、その後364年間にわたって中国の基本的な暦となりました。

　授時暦は朝鮮半島や日本にも伝わりました。1684年、江戸幕府は「貞享暦」という暦を採用しましたが、これは授時暦を改良したものです。日本で改暦がおこなわれたのは約800年ぶりのことで、当時の江戸の町でも話題となり、作家の井原西鶴や歌舞伎・浄瑠璃作者の近松門左衛門も、改暦をテーマにした作品を残しています。14世紀のユーラシア大陸の東西交流は、国も時代も異なる江戸の文学にまで影響をおよぼしたのです。

もっとくわしく
城を落として西へ東へ

　モンゴル帝国初期、郭侃（?〜1277）という武将がいた。金との戦争で功績をあげた郭侃は、クビライの弟フレグ（➡P10）によって、西方へ進出する軍の一員として抜擢された。郭侃はイラク、さらにはシリアへと進軍し、100以上の城を落としたと伝えられている。その後、中国にもどった郭侃はクビライに従い襄陽攻略に携わった。マンジャニークが採用された背景には、郭侃の進言があったのかもしれない。彼のような武将もまた、この時代の東西交流のひとつのかたちといえるだろう。

もっとくわしく
モンゴル時代の国際語

　モンゴル帝国の時代、ユーラシア大陸でもっとも通用した言語はペルシア語だった。今ではイランなどおもに中東地域のみでつかわれているペルシア語だが、かつてはとても長い時代にわたって、ユーラシア大陸各地で現在の英語のような地位にあった。13世紀の東西交流のもっとも重要な史料のひとつ『東方見聞録』のなかでは、現在の北京市郊外にある盧溝橋がペルシア語で「プリ・サンギーン（石の橋）」と記録されている。このことは、大元ウルスでもペルシア語が公用語としての地位をもっていたことを示している。

モンゴル時代の盧溝橋を描いた「盧溝運筏図」。盧溝橋は金の時代の1192年につくられ、何度かの修築を経て現在は観光地となっている。マルコ・ポーロが『東方見聞録』で紹介したことから広く知られるようになり、ヨーロッパでは「マルコ・ポーロの橋」ともよばれている。1937年に「盧溝橋事変」が起こった場所としても知られている（➡第一期1巻P24）。
写真：ユニフォトプレス

『東方見聞録』：ヴェネツィアの商人マルコ・ポーロ（1254〜1324）が、1271年から1295年にかけてアジアを旅行した際の体験を口述し、小説家ルスティケロが記録したとされる書物。『世界の記述』『驚異の書』などともよばれる。この本には、クビライ・カーンの権勢の強大さ、中国のキリスト教徒や世界一の貿易港「ザイトン（泉州）」のようすなどが描かれたほか、「黄金の国ジパング」として日本がはじめてヨーロッパの人びとに紹介されている。

「混一疆理歴代国都之図」。大元ウルスの地図をもとに朝鮮王朝でつくられたもので、中国本土や朝鮮半島が大きく描かれている。

龍谷大学図書館所蔵

6 モンゴル時代の世界地図

15世紀に朝鮮でつくられた、「混一疆理歴代国都之図」という地図が残されています。これは、大元ウルスで製作された地図をもとにつくられました。この地図は、モンゴル時代の中国の人びとの世界認識を示しています。

「混一疆理歴代国都之図」

「混一疆理歴代国都之図」（龍谷大学図書館所蔵）は、もとは西本願寺が所有していたもので、朝鮮半島から伝わったと考えられています。この地図は1402年、朝鮮王朝においてつくられたものでした。その際に参考とされたのが、大元ウルスでつくられた「声教広被図」と「混一疆理図」でした。この2つの地図の原本は現在では失われていますが、「声教広被図」はインド、中東、アフリカ、ヨーロッパなどもふくめた世界地図、「混一疆理図」は宋代以前の中国地理学の伝統をくんだ、中国を中心とした歴史地図だったと考えられています。

「混一疆理歴代国都之図」のように「声教広被図」と「混一疆理図」を組みあわせた地図は、清のはじめにいたるまで中国や朝鮮でつかわれつづけました。これは、モンゴル時代に中国の人びとの地理的視野が劇的に広がったことを物語っています。

世界を手のうちに

クビライ・カーンの治世の後期にあたる1285年、大元ウルスの地理・地図をまとめた地理書『大元一統志』の編纂が開始されました。同時に、それと対をなす大型地図の製作もはじまりました。それはモンゴル帝国領土内の地図を集めて合体させた世界地図であり、「天下地理総図」と名づけられました。この地図は、「声教広被図」の原型となったものと考えられています。

大元ウルスの政府が「天下地理総図」をつくった目的は、大元ウルスを中心とするモンゴル帝国が、巨大な領土を統合してユーラシア大陸の東西をつないだことを誇り、「見せる」ことにありました。そのため、地図に書かれた情報は「見せてもよいもの」にかぎられました。政府はさらにくわしい軍事地図を作成していましたが、それは外部にもれないよう厳しく管理されました。

用語解説

朝鮮王朝：14世紀後半、明の台頭や倭寇（➡P18）の襲撃などにより、高麗は深刻な内部対立に見舞われた。この時代、倭寇や女真族との戦いで名をあげたのが李成桂（1335〜1408）である。1388年、李成桂はクーデターを起こし実権をにぎると、政治改革などを断行し、1392年にあらたな王朝を建てた。これが朝鮮王朝（李氏朝鮮）のはじまりである。朝鮮王朝は、1910年の日韓併合までの約500年間続いた。

描かれたアフリカ

「混一疆理歴代国都之図」には、中央アジア、インド、中東、ヨーロッパをふくむユーラシア大陸のすべてが描かれていますが、なかでも注目すべきは地図の左端にアフリカ大陸が描かれている点です。ヨーロッパでは、アフリカが独立した大陸として地図に描かれるのは、バルトロメウ・ディアスがアフリカ南端の喜望峰に到達した1488年以降のことであるとされています。ディアスがヨーロッパにもたらした知識は、中国をふくめたアジアにおいてはそれより150年以上前から知られていたのです。

←アラビア半島

←アフリカ大陸

ヨーロッパの世界地図（1482年製）。紀元２世紀の古代ローマの学者プトレマイオスのつくった世界地図が、15世紀以降に再評価され、新しい知識を加えて製作された。左部分に描かれたアフリカは南のほうが南極とつながっている。　写真：ユニフォトプレス

「混一疆理歴代国都之図」に描かれたアフリカ大陸。

バルトロメウ・ディアス（1450ごろ〜1500）：ポルトガルの航海者。1488年、記録に残されたヨーロッパの人物としては、はじめてアフリカ南端の喜望峰に到達した。ディアスが喜望峰に到達したことにより、ヨーロッパ諸国はイスラム王朝の支配する中近東を通ることなく、海路でインドをめざすことが可能となった。

17

「蒙古襲来絵詞」（部分）。モンゴル軍と戦った武士・竹崎季長（画像中、右の人物）が、自身の活躍を絵として記録させたものだと考えられている。

宮内庁三の丸尚蔵館所蔵

7 大元ウルスと日本
（12世紀後半〜14世紀なかごろ）

従来、大元ウルスは**日本を従えよう**として何度も使者を送り、日本がこれを退けたため2度にわたり軍を送ったと考えられてきました。しかし、**近年の研究で新しい事実**がわかってきました。

モンゴル襲来

1274年、クビライ・カーンは1回目の日本遠征を実行しました。日本では「文永の役」とよばれます[*1]。このときのクビライの目的は、日本と南宋との連絡を絶つことにありました。南宋への全面攻撃をひかえていたクビライは、南宋が日本に援軍を要請し、日本がモンゴルを妨害することをおそれたのです。モンゴル軍は日本と異なる戦法や武器で日本を圧迫しましたが、日本側のはげしい反撃にあい、撤退しました。

2回目の日本遠征は、クビライが南宋を攻略したのち、1281年におこなわれました。日本側では「弘安の役」とよびます[*1]。このときは、1回目の遠征の主力となった3万のモンゴル・高麗連合軍（東路軍）に加え、10万の旧南宋軍の兵士が動員されました（江南軍）。その目的は、モンゴルに投降していた南宋の兵士を日本に移住させることにあったとも考えられています。このときモンゴル側の軍を台風が襲いましたが、その被害者は旧南宋軍兵士が多数を占めていました。東路軍の船は頑丈につくられていたため、大きな被害は出なかったのです。一方、日本側も、モンゴル軍がさまざまな民族から構成されていることを把握し、捕虜が南宋出身者であることがわかったときは、帰国させることもありました。日本では、2度の戦争をあわせて「モンゴル襲来」や「蒙古襲来」とよびます[*2]。

*1 日本の元号であらわすと、1274年は文永11年、1281年は弘安4年だったため、このようによばれる。
*2 大元ウルスの立場に立ったよび方は「日本遠征」などという。

用語解説

倭寇：13世紀から16世紀にかけて、朝鮮半島から中国沿岸にかけて活動した海賊や武装商人などの、中国側からの名称。「倭」とは日本のことであるが、倭寇には中国人や朝鮮人、ポルトガル人などもふくまれた。明代には、「北虜南倭（北の遊牧民と南の倭寇）」とよばれ、国を悩ませる問題となった（➡第三期2巻P22）。

日元貿易

12世紀後半、中国では南宋の中期、日本では平安時代末期のころ、南宋と日本の貿易は非常に活発になりました。南中国沿岸の慶元（現・浙江省寧波市）という都市が交易の拠点とされ、毎年日本から数十隻の船が来航しました。

大元ウルスも日本との交易を重視し、モンゴル襲来ののち、貿易はふたたびさかんになりました。このとき、日本側は「寺社造営料唐船」を派遣しました。これは寺社が、幕府*や朝廷の保証のもとに、寺社の造営（建築）費用を集めることを名目に交易をおこなったものです。その目的は、当時活発になりつつあった「倭寇」とよばれる海賊とまちがえられないようにすることにありました。寺社造営料唐船は、のちに明の時代の「勘合貿易」へと発展しました。

日元貿易では、日本からは金・銀・硫黄・木材などの資源のほか日本刀などの武具や工芸品が、大元ウルスからは織物や陶磁器、文具、書籍、そして銅銭が輸出されました。

＊日元貿易のころ、日本では鎌倉幕府や室町幕府が成立していた。

寺社造営料唐船には、建長寺（神奈川県、上写真）の修復や天龍寺（京都府、下写真）の建立の費用集めのために送られたものなどがあった。

日元の文化交流

この時代、重要な文化交流の担い手となったのは仏教の僧侶（仏僧）でした。日元貿易が活発になると、交易船に乗り中国へと渡る日本の僧侶も増えました。とくに14世紀はじめからなかごろにかけては、数百人の日本僧が中国におもむいた、一大留学ブームの時代でした。

仏僧の交流がさかんになるにつれ、さまざまな中国の新しい文化も日本にもたらされました。とくに書籍の輸入は、日本での印刷技術の発達をうながしました。このころ、「五山」とよばれる京都の寺社が中心となって中国の書籍を復刻したものは「五山版」とよばれ、現在でも非常に高い価値をもちます。

また、禅宗（➡第二期3巻P24）とともに伝来した中国の生活様式のなかには、日本でも広く普及したものもありました。たとえば、日本ではそれまで一日二食が基本とされていましたが、禅寺で出されていた「点心」という軽い食事が受けいれられたことにより、3度の食事をとるようになったといわれます。

もっとくわしく

博多綱首・謝国明

13世紀のなかごろ、博多の町に謝国明（生没年不詳）という南宋の商人がいた。謝国明は「綱首」という職にあったが、これは貿易船の船長を意味する。当時の博多には、綱首を中心として多くの中国商人が在住していた。

1976年、韓国の新安沖で発見された14世紀の沈没船から、2万1000点以上にもおよぶ大量の陶磁器などとともに、積み荷の荷札が引きあげられた（➡P30）。その荷札に書かれた情報から、寺社の派遣した貿易船の実務を綱首がうけおっていたことがわかっている。当時の日中貿易は、謝国明のように国境や民族をまたいで活動する人びとに支えられていた。

五山：宋の時代、政府が特別な保護をあたえるために認定した禅寺の格式（寺格）。五山に認定された寺は、政府に管理される代わりに、さまざまな特権をあたえられて繁栄した。日本にもこの制度が取りいれられ、京都と鎌倉に五山が置かれた。

13世紀のアジア情勢

モンゴル帝国が誕生したのと同じころ、中国にとなりあうアジアの諸地域も、大きな変革の時をむかえていました。日本列島や朝鮮半島、そして東南アジアで栄えた勢力について見てみましょう。

武人政権の時代

東アジアの日本列島と朝鮮半島では、ほぼ同じ時期に、武人（軍人）による政権が成立しました。日本では、承平・天慶の乱（935年～941年）をきっかけに武士が登場すると、保元・平治の乱（1156年、1159年）を経て、12世紀末に鎌倉幕府が成立しました。

一方、朝鮮半島の高麗では、1170年に当時の王・毅宗に不満をもつ武臣たちがクーデターを起こし、実権をにぎりました（庚寅の乱）。もともと高麗では文治主義の伝統にもとづき、武臣は文臣の下に位置づけられていましたが、このクーデターのあとから1270年までの100年間、武臣政権の時代が続きました。

武人、つまり軍事力が国の中核となったのは日本と高麗だけではありませんでした。北中国の金（➡P7）はそもそも、女真族の軍事力を国の基盤としていました。さらに西の西夏（➡P7）も国の本質

関東の豪族・平将門が起こした反乱と、地方官・藤原純友が瀬戸内海で起こした反乱は、起こった年の元号にちなんで承平・天慶の乱とよばれる。写真は、東京都千代田区にある平将門の首塚。

は軍事国家であり、さまざまな文人文化で名高い南中国の南宋も、じつは大量の兵士を擁する軍事大国でした。

このように、この時代の東アジアの国ぐにでは軍事力が非常に重視されていました。それは各国の国内の事情によるものだけではなく、軍事力の拡大がたがいに影響しあった結果であるともいえるでしょう。騎馬軍団の力を大きな武器とするモンゴル帝国が出現した背景には、このような東アジアの情勢も重要な要素としてあったのです。

「保元平治合戦図屏風」（部分）。1156年、皇位をめぐる争いと、当時の有力貴族藤原氏内部の対立が結びつき、武士を巻きこんで戦いが起きた（保元の乱）。1159年には、保元の乱で活躍した平氏と源氏の武士が勢力を競って戦った（平治の乱）。
メトロポリタン美術館所蔵

用語解説

文治主義：儒教の礼楽思想（➡第二期1巻P15）にもとづく政治のあり方で、そこでは道徳や倫理がもっとも重視された。文治主義では、武力にもとづく武断主義や法令にもとづく法治主義が批判されたが、文治主義をかかげる国家においても、実際には軍事力や法律が支配の後ろ盾とされた。

インドシナ半島の仏教王国

　この時代、東南アジアもまた、大きな変革のなかにありました。この時期と前後して、インドシナ半島では、タイ・チャオプラヤ川流域のスコータイ朝など、上座部仏教を王権の基盤とする国ぐにがあらわれました。スコータイ朝の国王たちは熱心な仏教徒であり、民衆は国王を仏教の守護者としてその地位を支持しました。

　スコータイ朝が成立して数十年後、チャオプラヤ川下流域にもうひとつのタイ人の国・アユタヤ朝がつくられました。アユタヤ朝もまた仏教王国であり、1767年にビルマ（現・ミャンマー）に滅ぼされるまで、4世紀にわたって東南アジアの大国として君臨しました。

　このように13世紀から14世紀は、インドシナ半島に大きな政治的変動が生まれましたが、その原動力となったのは、タイ人の南方への移動（南下）でした。もともと、タイ人は中国南西部にくらしていましたが、11世紀ごろから南下を開始し、その動きが非常に大きくなったのが、モンゴル帝国（大元ウルス）が南宋を征服した13世紀後半であるといわれています。モンゴル帝国の動きは、さらに南のインドシナ半島へも大きな影響をあたえたのです。

スコータイ朝はタイ人がはじめて建てた王朝で、13〜15世紀にタイ北部で栄えた。独自の文字「タイ文字」がつくられ、上座部仏教が保護された。写真は、タイのスコータイ歴史公園にある王朝の仏教遺跡ワット・マハタート。

東南アジア島嶼部のイスラム国家

　東南アジアの島嶼部*ではまた、別の動きがありました。これらの地域では、13世紀にイスラム化の波がおしよせ、その後、数多くのイスラム国家が建設されました。そのなかでも、もっとも早く建てられたのがスマトラ島北部のサムドラ・パサイ王国です。『東方見聞録』（➡P15）の記録によれば、マルコ・ポーロもこの国を訪れたと伝えられます。東南アジア島嶼部のイスラム化には、中国南岸からインド洋、ペルシア湾にかけて活躍したムスリム商人が大きな役割をはたしました。そしてムスリム商人の活動を後押ししたのは、モンゴル帝国の王族や貴族たちでした。このように、東南アジアのイスラム化もまた、モンゴル帝国の影響と無関係ではありませんでした。

＊「島嶼」とは島じまのこと。東南アジア島嶼部は、現在のフィリピン、インドネシア、マレーシア、シンガポール、ブルネイ、東ティモールで構成される地域をさす。なお、ミャンマー、タイ、カンボジア、ラオス、ベトナムがある地域は、東南アジアの大陸部とよばれる。

イスラム教の聖典「コーラン」を読むインドネシアの子どもたち。13世紀に東南アジア島嶼部にイスラム教が伝わり、のちの時代に普及していった。現在、インドネシア、マレーシア、ブルネイなどでは、住民の多くがイスラム教を信仰している。

北京市の妙応寺には、クビライの命令で1271年に建てられたチベット仏教の白塔（高さ約51m）がある。中国国内に現存する、最古のチベット式仏塔とされる。
写真：ユニフォトプレス

8 大元ウルスの宗教政策
（13世紀なかごろ〜14世紀前半）

大元ウルス統治下の中国では、**宗教に対して寛容な政策が**とられたため、仏教（チベット仏教・禅宗など）や道教、儒教、イスラム教、キリスト教など、**さまざまな宗教や思想が**共存しました。

■「帝師」とチベット仏教

　13世紀なかばごろにモンゴル帝国がチベットの支配権を手に入れたあと、チベットの仏教教団はモンゴルの王や貴族たちとたがいに協力する関係を結びました。クビライも、パクパという僧の後援者となっていました。

　クビライがカーンとなると、パクパは仏教とチベットを管理する長官となりました。1270年、パクパは「帝師」に任命され、同時に首都大都にはその居所として大護国仁王寺が建立されました。帝師は皇帝の師であるとともに、仏教を指導する立場にあるパクパにあたえられた特別な称号でした。クビライは、中国を支配するための原理の一部をパクパの仏教思想にもとめ、パクパの宗教権威を利用して自らを仏教思想上の理想の王と見なすシステムをつくりあげたのです。大護国仁王寺は、大元ウルスのカーンを世界の帝王として人びとに認識させるための舞台となりました。

　のちの王朝・明は、大元ウルスからチベットへの影響力を継承しましたが、チベット仏僧は依然としてさかんに中国を訪れ、16世紀にかけて明の皇帝のチベット仏教への信仰はピークをむかえました。北京や五台山（➡第二期3巻P18）、杭州などには、大元ウルスの時代に建立されたチベット仏教の建造物が数多く残されました。

用語解説

パクパ（1235〜1280）：チベット仏教サキャ派の法王。本名はロテ・ギャンツェン。幼いころ、とても聡明だったためパクパ（聖者）とよばれるようになった。13歳のときにはじめてモンゴルの宮廷を訪れ、1253年にクビライに招かれ、その後クビライにつかえることとなる。1269年、大元ウルスの公用文字として、チベット文字をもとにした「パクパ文字」を制定。勅書（皇帝の命令文）はパクパ文字を使用することとされた。ただし、一般には広まらなかった。死後、パクパをまつる帝師殿が各地に建てられた。

儒教と儒学

金を征服したモンゴル帝国は、儒教*のあつかいには注意を払い、孔子の直系子孫を保護するなどの政策をとりましたが、道教や仏教よりも一段低いあつかいにとどまっていました。

しかし、第7代カーンのカイシャンは即位直後、孔子にあらたな称号をあたえ、儒教を第一に保護することを表明しました。その際に出されたカーンの命令文は石碑にきざまれ、孔子の故郷である山東の曲阜に建てられました。同時に、儒教の書籍が政府によりモンゴル語に翻訳されて出版されました。その後のカーンも、カイシャンの政策を受けつぎ、大元ウルスによる儒教保護は続きました。

また、儒学（➡P24）を学んだ知識人は、「儒戸」（➡P25）という身分として認められることで、さまざまな特権を得ることができました。

＊金では、北宋にならって、北中国をおさめる柱のひとつとして科挙（➡第二期3巻P17）を重視していた。科挙では、おもに儒教・儒学の知識が問われた。

帝王は宗教の上に立つ

チンギス・カンがモンゴル帝国を建てた時代、すでにモンゴル高原にはさまざまな宗教の信者がいました。中国の道教や、チベット仏教をはじめとして、中東から伝来したイスラム教やネストリウス派キリスト教が、その代表的なものです。モンゴル帝国のカーンはそれらの宗教を基本的には平等にあつかい、それら宗教の上に君臨しました。

それをあらわすできごとのひとつが、1254年に当時のモンゴル帝国の首都だったカラコルムで開催された宗教弁論大会です。このとき、当時の皇帝モンケ・カーンの書記が審判役となり、仏教徒・ムスリム（イスラム教徒）・キリスト教徒の代表が、どの宗教がもっともすぐれているのか論争をくりひろげました。このような平和におこなわれた宗教論争は、世界史上初であるといわれています。

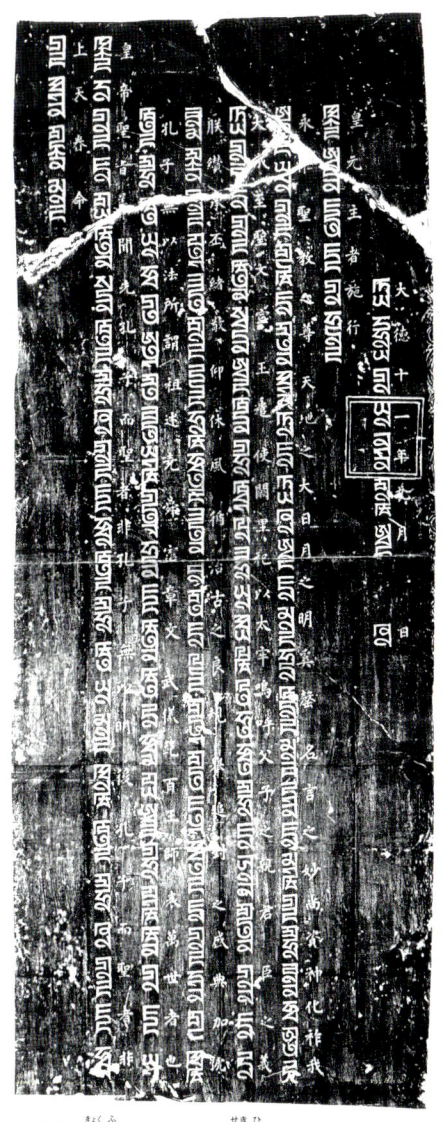

カイシャンの時代に曲阜に建てられた石碑の文字。漢字の文とパクパ文字の文が、モンゴル語にならってたて書きで左から右に書かれている。

もっとくわしく
十字架を背負った悲劇の王・ナヤン

クビライ・カーンの治世の末期、大元ウルスに対して反乱を起こしたナヤンというモンゴルの王がいた。ナヤンをめぐって、次のような話が残されている。『東方見聞録』（➡P15）によると、ナヤンはキリスト教を信仰しており、彼の軍旗には十字架がつけられていた。ナヤンが敗北したのち、他の宗教の教徒たちは「キリスト教の神はナヤンを守らなかった、だめな宗教ではないか」といって、キリスト教の地位をおとしめようとした。そこで、クビライはキリスト教徒たちにこのようにいった。「十字架が反逆者のナヤンを助けなかったのは正しく、当然のことである。お前たちの神の十字架はまことによいことをしたのだ」。この言葉により、他の宗教の教徒から非難を受けていたキリスト教徒は守られた。

曲阜：山東省南西部に位置する町。周代の魯の国都。町の中央には孔子廟や孔子の子孫の住居である孔宅があり、北には孔子の墓所・至聖林がある。これらは1994年、世界遺産に認定された。
ネストリウス派キリスト教：4〜5世紀のコンスタンティノープル（のちのイスタンブル）の司教ネストリウスの説を教義とする、キリスト教の一派。7世紀はじめに中国に伝わったが、のちに弾圧された。一方、モンゴル高原周辺には、モンゴル帝国の時代までネストリウス教徒の遊牧民が一定数存在しつづけた。

大元ウルスの時代、約110年かけて建てられた道教の寺院・永楽宮（山西省運城市）には、道教の神がみなどを描いたあざやかな壁画が残されている。大元ウルスの統治下で、それまでの中国の文化や宗教が保たれたあかしのひとつといえる。　写真：ユニフォトプレス

9 モンゴル時代の中国社会

大元ウルスでは、さまざまな人種・民族の人びとが自身の文化を保ちながらくらしていました。また、そうした多様な社会をおさめるための独自の制度がつくられました。

大元ウルスはコネ社会？

　歴史に関する伝統的な見方では、大元ウルス統治下の中国では民族差別が横行していたと考えられてきましたが、実際のようすは異なることがわかってきました。モンゴル人は、基本的に他の民族の文化を積極的に破壊することも、強制的に統合することもありませんでした。そのため、大元ウルス統治下の各民族はそれぞれの文化を保全することができました。一方で、大元ウルスが各民族を統治するためには、民族を行政的に区分する必要がありました。その区分が差別であるように見なされたのでした。

　では、大元ウルスでくらす人びとは平等だったのかといえばそうではありません。大元ウルスでは「根脚」というものが社会秩序をかたちづくるうえで非常に重要な意味をもちました。「根脚」とは、その人物やある一族の出自を示すと同時に、カーンやモンゴルの王族・貴族、またはさまざまな有力者たちとのつながりの度合いを示すものです。すなわち、「コネクション（コネ）」のようなものでした。生まれながらにして根脚をもつ人びとは、優先的に特権的な地位につくことができました。一方、根脚をもたない人びとは、身につけた技能や芸を武器に有力者たちに自分を売りこみ、運がよければ根脚を得ることができました。首都大都の有力者の屋敷には、このように自分を売りこもうとする人びとが列をなしたともいわれます。

用語解説

儒学：孔子を始祖とする思想・信仰体系である儒教の学問的側面を、儒学という（➡第二期1巻P21、26）。孔子の言行録である『論語』をはじめとする「四書五経」を経典とし、個人の倫理からはじまり、国のおさめ方を身につけることが目標とされた（修身斉家治国平天下）。大元ウルス統治下の中国では、南宋の知識人・朱熹（➡第二期3巻P23）がはじめたあらたな儒学「朱子学」が広まった。

▌定められた家業

大元ウルスでは「諸色戸計」という特殊な戸籍制度がおこなわれました。諸色戸計は、さまざまな人びとを「戸」という単位で把握し、大きくわけて職業・能力別の戸計（戸のグループ）と、民族別の戸計に分類したものです。この制度は、多様な民族をふくむ社会を統治した大元ウルスの大きな特徴のひとつです。各戸は、いずれかの戸計に所属し、その立場は代々受けつがれ、基本的に自由に他の戸計に移ることは認められていませんでした。

職業・能力別の戸計としては、儒学をおさめた「儒戸」、医学と医療に従事した「医戸」、交通ネットワーク（駅伝、➡P4、5）の維持に携わった「站戸」、兵士を輩出した「軍戸」などがあります。民族別の戸計には、ムスリムの「回回」、キリスト教徒の「也里可温（エルケウン）」のほか、「蒙古」「契丹」「女真」などがありました。

このような諸色戸計のうち、職業・能力別の分類による戸籍制度はのちの明に受けつがれました（里甲制、➡第三期2巻P6）。

▌記憶の断絶と創造

中国社会の特色のひとつに、「宗族」という同族集団があります。南宋から大元ウルスの時代にかけて、とくにさかんにおこなわれたのが「家譜」とよばれる一族の系図の編纂でした。人びとが集団を形成するためには、特定の歴史、つまり記憶を共有することが重要な鍵となります。国家や民族のような大きな集団であれば歴史書が、より小さな血縁集団であれば系図のようなものが、記憶を共有するための役割をもちました。

家譜がおもに編纂されたのは南中国でした。それに対して北中国では、自分たちの来歴を石にきざんで碑文とすることが広くおこなわれました。社会の混乱が比較的少なかった南中国にくらべ、真っ先にモンゴルから攻撃を受け、長期にわたり戦乱の舞台となった北中国では、社会組織の混乱と破壊もより深刻でした。そのため、自らの歴史を碑文とし、記憶を創造することは、生きのこるための戦略として必須のことだったのではないかと考えられています。

北中国に残されている、ある宗族の碑文。一族の系譜をきざんだもので、「先塋碑」とよばれる（先塋とは、祖先の墓のこと）。
写真：飯山知保

もっとくわしく
モンゴル時代の裁判記録『元典章』

中国の歴史書は、基本的に知識人の使用した文語体（書き言葉）で記されている。しかし、圧倒的多数の庶民は、そのような文体を日常的に使用したり理解していたわけではなかった。

庶民の使用した口語体（話し言葉）を伝える貴重な書物のひとつに、『元典章』というものがある。『元典章』はさまざまな政治文書や行政文書、裁判の記録を収録したもので、なかには庶民の裁判にかかわるものも多数ふくまれている。そこからは、殺人・強盗といった刑事犯罪や、離婚などの民事訴訟にいたるまで、当時の庶民の生きざまが伝わってくる。

宗族：中国における、共通の男系祖先（父・祖父・曾祖父……）と、同じ姓をもつ集団（➡第三期2巻P20）。宗族内の問題は、族長を中心とした同族会議によって決定されるが、処罰は非常に厳しかった。とくに南中国ではひとつの宗族で構成された村も多くあり、時に

その結合は強大なものとなった。一方、北中国では南中国よりも結束が弱かった。10世紀以降、宗族はとくに強力な集団として目立つようになったが、これはこの時代の中国がきわめて大きな社会変動に見舞われていたことを背景としている。

25

大元ウルスの時代の戯曲（元曲）の舞台をモチーフにしてつくられた、磁器製のまくら。陶磁器のモチーフになるほど、当時元曲が流行したことがうかがえる。

写真：ユニフォトプレス

10 中国文化のあらたな流れ

モンゴル帝国は中国を征服し、その際にそれまでの中国の文化を破壊したというイメージがもたれることもありました。しかし、実際には文学や芸術などが受けつがれ、発展しました。

出版文化の隆盛

　第２代カーンのオゴデイの時期、燕京（のちの大都、現在の北京市）や山西の平陽（現・山西省臨汾市）に、書籍の編集や出版をおこなう拠点が設けられました。クビライ・カーンも即位前からすでに熱心に書籍を収集し、南宋の首都を陥落させた際には、南宋の朝廷が所蔵していた書籍や版木をまるごと自分のものにしました。大元ウルスの政府は、書籍を収集するだけでなく、学者たちに研究や整理をおこなわせ、その成果を公費によって出版しました。たとえば、唐の太宗の言行録である『貞観政要』という書物がありますが（➡第二期３巻P５）、現在読むことのできる版本はこの時代に刊行されたものです。大元ウルスの統治下で出版された書籍は「元刊本」とよばれ、宋代に出版された書籍（宋刊本）とともに日本でも貴

重なものとされ、それをもとにした書籍が何度も復刻されました。

戯曲の発展

　現代では「京劇」などに代表される中国の戯曲ですが、中国のさまざまな文学のなかで、もっともおそく発展したのが戯曲であるといわれています。宋代には「雑劇」という簡単なストーリーをもつ演劇が上演されていましたが、現代のような脚本（物語の細かい設定）などは備わっていなかったと考えられています。宋の雑劇は北の金にも伝えられ、「院本」とよばれました。この院本をもとに成立したのがモンゴル時代の「雑劇（元曲）」です。元曲はまず大都を中心とする北方で多くつくられましたが、大元ウルスの南宋征服ののちは、南方の杭州へとその中心は移りました。

この時代に本格的な演劇が誕生したことには２つの条件があると考えられています。ひとつは、フィクションが受けいれられる文学観が定着したこと、もうひとつは、口語（➡P25）を書写しようという意識とそのための技術が発展したことです。

白話小説（はくわしょうせつ）の発展（はってん）

口語体（こうごたい）で書かれた文学作品のことを、中国では「白話小説」といいます。白話小説は、宋代以来の民間芸能の発達とともに発展していきました。宋代の大都市には「瓦子（がし）」という繁華街があり、そこには芝居小屋（しばい）が設けられていました。そこでは、歴史、戦争、仏教、恋愛（れんあい）などをテーマにした演芸が上演されました。それらの台本は、短編小説の「話本（わほん）」や、長編歴史物語の「平話（へいわ）」として、読み物としても出版されるようになりました。そのなかには絵入りで出版されたものもあり、のちに明代（みんだい）において完成する白話小説の原型となったのです。

元曲で踊る役者をかたどった人形（げんきょく おど）。　写真：ユニフォトプレス

もっとくわしく

英雄たちの物語 『三国志平話』（えいゆう）（さんごくし へいわ）

14世紀に出版された「平話（へいわ）」には、現代の日本でも知られる物語がいくつかふくまれていた。そのひとつが、映画や漫画（えいが）（まんが）、ゲームなどでも有名な「三国志（さんごくし）」だ。「三国志」の舞台（ぶたい）となっているのは3世紀を中心とした時代（➡第二期2巻P5）だが、現在親しまれている「三国志」のもととなっているのは明代（みんだい）に成立した『三国志演義（さんごく しえんぎ）』。そしてそのさらにルーツとなったのが、南宋（なんそう）から大元ウルス（だいげん）の時代にかけて演じられた、三国志をテーマにした演芸の台本である『三国志平話』だ。

大元（だいげん）ウルスの時代に刊行された『三国志平話（さんごくし へいわ）』。中国の歴史上のできごとを、フィクションをまじえながらおもしろく描いた歴史（えが）物語『全相平話（ぜんそうへいわ）』のなかに収録（しゅうろく）されている。「全相」は、全ページにさし絵が入っているという意味。

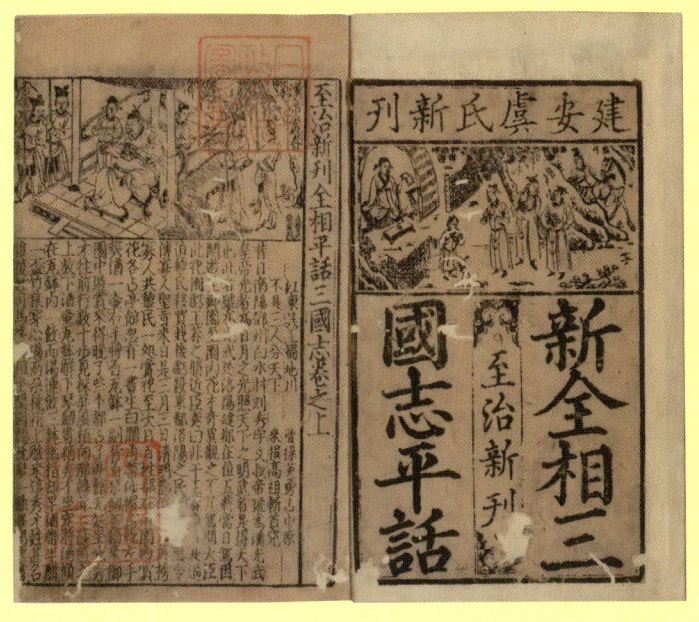

出典：『全相平話』（国立公文書館所蔵）

大元ウルスの首都大都の宮殿は明代に破壊されてしまった。現在は、土でつくられた城壁（土城）がわずかに残る跡地に、元大都城垣遺跡公園（写真）がある。

11 大元ウルスの滅亡
（14世紀なかごろ〜14世紀後半）

14世紀、ユーラシア大陸は気候変動や伝染病の発生により混乱におちいります。そうしたなか、大元ウルスでも内戦や災害によって国が乱れ、不満をつのらせた民衆がついに大反乱を起こしました。

■ 天災と伝染病

14世紀に入ると、太陽の活動が弱まったことなどにより、地球は「小氷河期」に入ったとされています。それと同時に、火山活動が活発化したことがわかっています。干ばつや飢饉、地震や大洪水などがひんぱんに起こったことで、ユーラシア大陸各地の政権は動揺しました。また、気候の変動によって遊牧地や耕作地が変化し、人びとの移動がより活発になりました。さまざまな規模の集団がゆるやかに連合を組んでいたモンゴル帝国は、このような影響をとくに受けやすかったと考えられています。

同じころ、ヨーロッパとイスラム世界では、中国が起源と考えられているペストが猛威をふるいました。1346年、中央アジアからイタリアに伝染したペストは西ヨーロッパを席巻し、全人口の3分の1から3分の2が失われたと推測されています。フレグ・ウルス（➡P10）に隣接したエジプトでは、1347年からペストの流行がはじまり、都市・農村の人口はともに激減しました。モンゴル帝国のもとでつながれたユーラシア大陸は、人びとの交流にも有利だった一方で、伝染病も広い範囲にわたって拡散されてしまったのです。

■ 飢餓と宗教

1328年、第10代カーンのイスン・テムル（泰定帝）が亡くなったことをきっかけに、次のカーンの座をめぐって、大元ウルスではかつてないほどの内戦が発生しました。これを「天暦の内乱」とよびます。この内戦を境に、大元ウルスは

衰退の一途をたどることになります。

　内戦終結後も大元ウルスの指導者たちは政権闘争に明けくれ、たびたび災害に見舞われた民衆に対して有効な政策をおこないませんでした。1329年だけでも、飢餓に苦しむ人が、現在の陝西省で123万、安徽省で60万、河南省で70万、浙江省で11万も発生したといわれ、各地で食人行為が起こるほどの悲惨な状況におちいりました。

　現世に絶望する民衆のよりどころとなったのが、白蓮教の思想でした。白蓮教は本来、仏教の一派でした。しかし当時の白蓮教は、マニ教（➡第三期2巻P4）や弥勒教の影響を色濃く受け、現状を否定し、理想社会の実現を約束する、きわめて反体制的な思想となっていました。そのため、政府への不満が爆発した民衆から支持されるようになったのです。

もっとくわしく
玉璽（伝国璽）の行方

　「玉璽」とは、中国皇帝が統治に用いるいくつかの印章（はんこ）である。そのうち、天命を受けたあかし*となるものを「伝国璽」という。秦の始皇帝（➡第二期1巻P22）がつくった伝国璽は、消失・再出現をくりかえしながら歴代皇帝に受けつがれていたが、五代十国時代の946年に失われてしまい、それ以後の王朝では模造品をつくって代わりとした。中国王朝としての側面をもつ大元ウルスでも伝国璽がつくられたが、トゴン・テムルの死後失われてしまう。時は流れ1635年、大元ウルスの伝国璽を手に入れたチンギス・カンの子孫エジェイは、それを後金の君主ホンタイジ（➡第三期3巻P6）に献上した。翌年ホンタイジは皇帝に即位し、国号を「大清」とした。大元ウルスの伝国璽を手に入れることは、東ユーラシアを統治する正当性を手にすることでもあった。満洲族のホンタイジが、モンゴル族の王朝だった大元ウルスの伝国璽を手にして皇帝となったことは、中国のもつ多元性を象徴するできごとだといえるだろう。

＊中国では古くから、天命（天からの命令）を受けた者が皇帝として国をおさめるべきだという考え方があった。

大元ウルスの最後

　白蓮教集団のなかで頭角をあらわしたのが朱元璋、のちの明太祖（洪武帝）です（➡第三期2巻P5）。南中国を統一した朱元璋は、1367年に大元ウルスに対して攻撃を開始し、わずか1年で首都大都を占領しました。

　当時のカーンだったトゴン・テムルはモンゴル高原へと撤退し、北の大元ウルス（「北元」ともよばれる）と南の明が対立することとなります。1388年、トゴン・テムルの息子のトグス・テムルが討たれ、大元ウルスは滅亡しました。なお、この時点でモンゴル帝国も完全に滅んだとはいえず、モンゴル帝国を受けつぐ勢力や国はのちの時代にも残りつづけました。

●モンゴル帝国・大元ウルスの系図

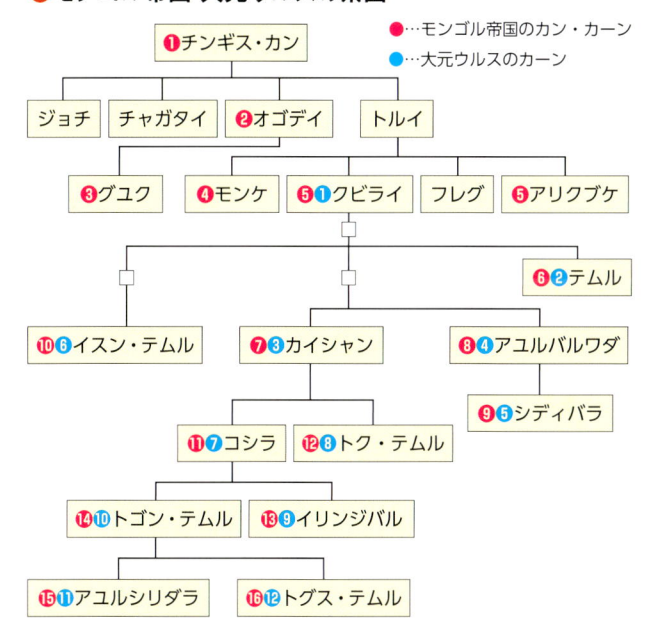

●…モンゴル帝国のカン・カーン
●…大元ウルスのカーン

❶チンギス・カン
ジョチ｜チャガタイ｜❷オゴデイ｜トルイ
❸グユク｜❹モンケ｜❺❶クビライ｜フレグ｜❺アリクブケ
❻❷テムル
❿❻イスン・テムル｜❼❸カイシャン｜❽❹アユルバルワダ
❾❺シディバラ
⓫❼コシラ｜⓬❽トク・テムル
⓮❿トゴン・テムル｜⓭❾イリンジバル
⓯⓫アユルシリダラ｜⓰⓬トグス・テムル

もっとくわしく
「大元ウルス」は生きのこった？

　大元ウルスという王朝は滅んだが、その後もモンゴルの支配者のあいだで「大元」の国号はしばしば使用された。たとえば、16世紀後半、明を苦しめたアルタン・ハーン（➡第三期2巻P22）は自らの勢力を大元ウルスとよんだ。このことからも、モンゴルの人びとにとって、大元ウルスという名が特別の存在だったことがわかる。

弥勒教：弥勒菩薩を信仰し、救世主による地上の救済をとなえる仏教の宗派。救世主を望み、現実世界を否定する考え方から、宗教反乱の温床となることが多かった。そのため、中国の歴代王朝から、白蓮教とあわせて「弥勒白蓮の邪教」とよばれ弾圧された。

エジェイ（?～1641）：モンゴル帝国最後の皇帝。ホンタイジに降伏したことで、モンゴル帝国は名実ともに滅亡した。モンゴルの有力部族の当主であり、降伏後もその領地は保証された。また、ホンタイジの娘を妻としたことで清の皇族としての待遇を受けた。

海から見たモンゴル時代

モンゴル時代は、**陸路**だけでなく**海路**を通じた**交流・交易**も非常に広い範囲でおこなわれました。この時代の中国（**大元ウルス**）からの**輸出品**や**貨幣**などが、さまざまな場所から見つかっています。

海を渡る陶磁器

1976年、韓国南西部の新安沿海から14世紀前半のものと推定される沈没船が引きあげられ、2万1000点以上にものぼる陶磁器が発見されました。ここからわかるように、当時、陶磁器はとても重要な国際貿易品であり、陶磁器の分布からは当時の海外交流のあり方の一部を知ることができます。

日本での出土数を見ると、もっとも多いのは博多です。博多は古くから中国大陸との交流の窓口であり、荷揚げ港としての機能をもっていました。モンゴル時代にも、中国からの交易品の多くはいったん博多に集められ、そこから日本列島各地へと運ばれていました。東日本で、もっとも多くの陶磁器が出土しているのが鎌倉です。鎌倉ではとくに13世紀後半以降、周囲の地域とは比べ物にならない量の陶磁器が消費されました。北日本では平泉が消費の中心となっていました。平泉を支配した奥州藤原氏は、海路を通じて博多から陶磁器をはじめとする中国の物産を手に入れていただけでなく、博多とならぶ貿易港だった十三湊ともつながりがあったと考えられています。

大元ウルスが南宋を滅ぼし、南中国の支配権を手に入れると、中国の陶磁器ははるか西のイランや中東にまで輸出されるようになりました。トルコのトプカプ宮殿やイランのアルダビール廟には、モンゴル時代の「青花」とよばれる陶磁器が数多く残されています。ペルシア湾のキーシュ島の遺跡からも、大量の中国陶磁器の破片が出土しています。このほか、エジプトのカイロ、東アフリカのケニア、インドのデリー、インドネシアのスマトラ島などさまざまな場所から、数多くの陶磁器が発見されています。

新安沖の沈没船から発見された高級陶磁器（国立光州博物館所蔵）。
写真：共同通信社／ユニフォトプレス

トプカプ宮殿は、15世紀後半にオスマン帝国のスルタン（皇帝）により建てられた宮殿。イスタンブル旧市街のある半島の先端部分、ヨーロッパとアジアをへだてるボスボラス海峡に面した丘にある。現在は博物館となり、一般に公開されている。

用語解説

奥州藤原氏：1087年から源頼朝に滅ぼされる1189年までのあいだ、平泉（岩手県南西部）を中心に東北地方一帯を支配した豪族。

十三湊：津軽半島北西部の十三湖にあり、13世紀初頭から15世紀なかばにかけて大きく繁栄した交易都市。鎌倉時代に、津軽の豪族安東氏の本拠地として、和人（本州出身の日本人）と蝦夷地（北海道）のアイヌとのあいだの交易拠点となり、のちには中国や朝鮮とも交易をおこなうようになった。室町時代中期、安東氏が南部氏に敗れたことをきっかけとして急速に衰退した。

世界をめぐる銀

　陶磁器のような交易品が広く流通するためには、それを売買するための貨幣が必要となります。モンゴル帝国の経済の中心となったのは銀であり、銀は準貨幣、またはそれ自体が交易品ともなりました。

　大元ウルスでは、銀と絹を税としておさめさせる一方、各地の銀山を独占的に開発し、莫大な銀を中央政府に集めさせました。皇帝はその銀を王族や貴族たちにあたえ、王族や貴族たちはあたえられた銀をお抱えの商人たちに資金として貸しあたえ、運用（資産を増やすこと）させました。これらの商人は「オルトク」とよばれます。オルトクの多くはムスリムやウイグル人でしたが、なかには中国人もいました。彼ら中国を拠点とするオルトクは、大元ウルスの庇護を受け、南シナ海、さらにはインド洋へと活動の場を広げました。

　一方、イランを拠点とするフレグ・ウルス（➡P10）を後ろ盾としたのが、キーシュ島の商人でした。キーシュ島は11世紀ごろからインド洋交易の拠点となりましたが、モンゴル帝国が中近東に勢力をのばしたあとは、キーシュ島の商人はオルトクとして活動しました。

　中国のオルトクとイランのオルトクはたがいに連携し、南インドを中継地点として、非常に活発な交流をもちました。注目すべきは、中近東からインドに大量に輸出された馬の対価として中国の銀がつかわれていたことです。インドへと流れこんでいた中国の銀は、さらに西へと流通していました。このようなことから、現代へと続く「グローバリゼーション」のきざしはモンゴル時代にあったと考える研究者もいます。

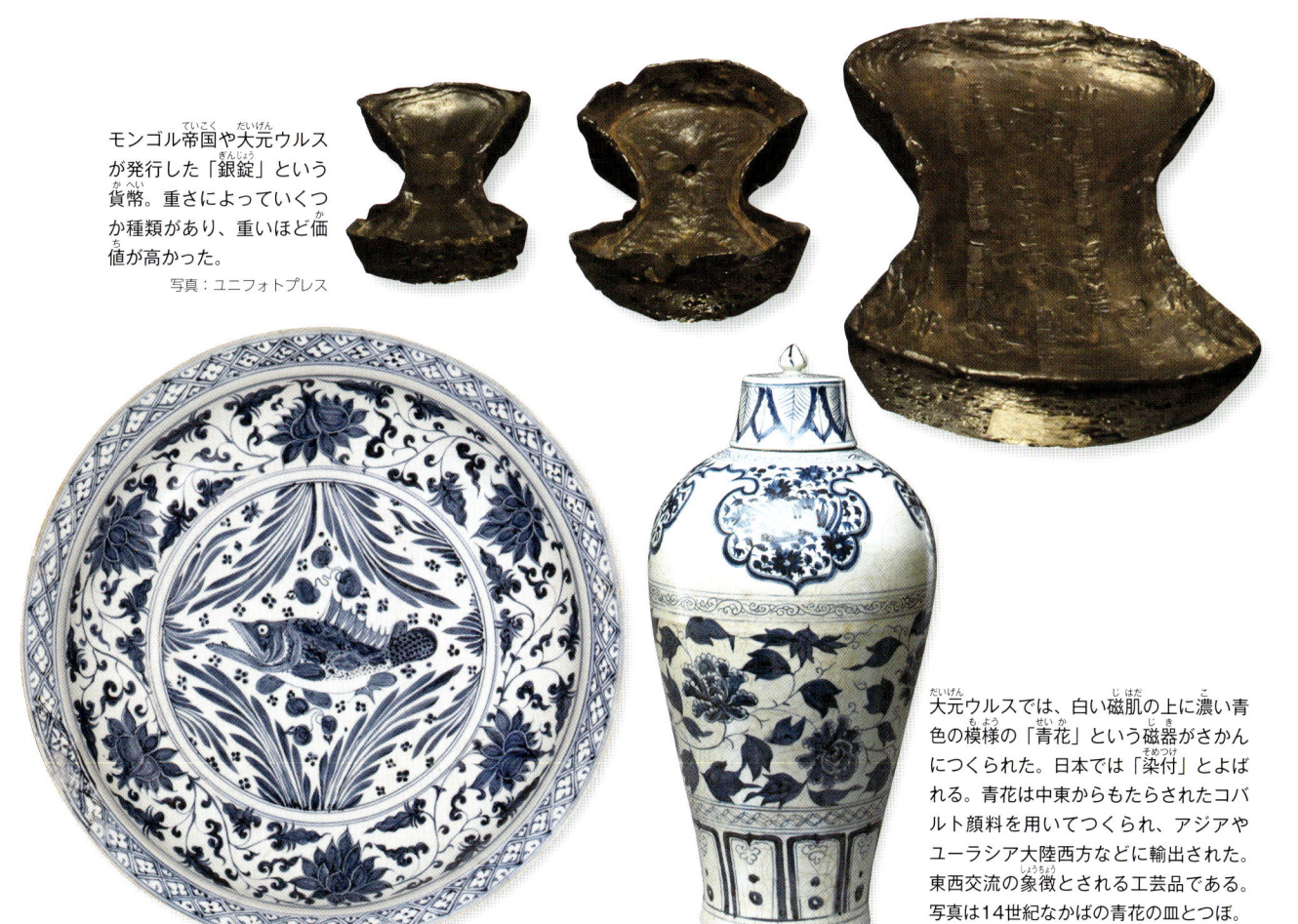

モンゴル帝国や大元ウルスが発行した「銀錠」という貨幣。重さによっていくつか種類があり、重いほど価値が高かった。
写真：ユニフォトプレス

大元ウルスでは、白い磁肌の上に濃い青色の模様の「青花」という磁器がさかんにつくられた。日本では「染付」とよばれる。青花は中東からもたらされたコバルト顔料を用いてつくられ、アジアやユーラシア大陸西方などに輸出された。東西交流の象徴とされる工芸品である。写真は14世紀なかばの青花の皿とつぼ。
メトロポリタン美術館所蔵

アルダビール廟：イラン北西部の都市アルダビールにある宗教廟。正式名称は、シャイフ・サフィー・アッディーン廟。のちにサファヴィー朝建国の原動力となったサファヴィー教団の教祖の死後、その息子によって建設された。2010年、ユネスコの世界遺産に登録されている。

準貨幣：国家が正式な支払い手段として発行したものではないが、すぐ確実に現金化できる点で貨幣とほとんど変わらない金融資産。

この本に出てくる地名地図

①宋（北宋・南宋）とならびたつ周辺の国ぐに（➡P6、7）

※11世紀後半のようす。

※12世紀末のようす。

②モンゴル帝国と大元ウルス

※モンゴル帝国最盛期（1310〜1320年前後）のようす。

出典：亀井高孝等編『増補版 標準世界史地図』（吉川弘文館、2016年）、木村靖二等編『山川 詳説世界史図録』（第2版）（山川出版社、2017年）所載図を元に作成

13〜14世紀の中国の年表

＊13〜14世紀のできごとに関連する、10〜12世紀のおもなできごともあわせて記載する。

年	できごと
916年＊	中国北部で、契丹の耶律阿保機が契丹国を建国する（➡P6）。
937年＊	雲南地方で大理が成立する（➡P7）。
1038年＊	中国西北部で西夏が成立する（➡P7）。
1115年＊	中国東北部で、女真族の完顔阿骨打が大金（金）を建国する（➡P7）。
1125年＊	金が契丹国を滅ぼす。契丹は中央アジアに逃れ、1132年に西遼を建国する（➡P7）。
1127年＊	金が宋を破り、北中国を支配。宋は南中国へ逃れて南宋を建国する（➡P7、第二期3巻P21、22）。
1206年	モンゴル族のテムジンがモンゴル高原の遊牧民を統一。テムジンはカンに即位してチンギス・カンと名乗り、イェケ・モンゴル・ウルス（モンゴル帝国）が成立する（➡P8）。
1219年	モンゴル軍が中央アジアのホラズム国に遠征し、翌年打ちやぶる（➡P10）。
1227年	チンギス・カンが死去。モンゴル軍が西夏を攻めほろぼす（➡P10）。
1234年	モンゴル軍が金を攻めほろぼす（➡P9）。
1235年〜 1243年	チンギス・カンの孫のひとり・バトゥの率いるモンゴル軍が、ロシアや東ヨーロッパに侵攻。1243年、バトゥは現在のカザフスタンやキルギスにまたがる地域でジョチ・ウルス（キプチャク・カン国）を建てる（➡P10）。
1253年〜 1260年	チンギス・カンの孫のひとり・フレグの率いるモンゴル軍が、中東遠征をおこなう（➡P10）。
1254年	モンゴル軍が大理を攻めほろぼす（➡P7）。
1259年	高麗がモンゴル帝国に降伏し、服属する（➡P10）。モンゴル帝国第4代カーンのモンケが死去（➡P10、12）。
1260年〜 1264年	モンケの弟のクビライとアリクブケが帝位をめぐって対立。クビライが勝って唯一のカーンとなる（➡P12）。
1260年	フレグが現在のイランを中心にフレグ・ウルス（イル・カン国）を建てる（➡P10）。
1271年	クビライが国号を「大元」と定め、大元ウルス（元）が成立する（➡P12）。
1274年	大元ウルスが日本遠征をおこなう（文永の役、➡P18）。
1276年	大元ウルスが南宋を破り、中国統一をはたす（➡P13）。
1280年	授時暦がつくられる（➡P15）。
1281年	大元ウルスが2度目の日本遠征をおこなう（弘安の役、➡P18）。
1328年	第10代カーンのイスン・テムルの死去をきっかけに、天暦の内乱が発生。大元ウルス衰退の大きな原因となる（➡P28）。
1351年	白蓮教の教徒が中心となって反乱を起こす（➡P29、第三期2巻P4）。
1368年	白蓮教集団のなかで頭角をあらわした朱元璋（のちの明の初代皇帝・洪武帝）が、大元ウルスの首都大都を占領。カーンのトゴン・テムルはモンゴル高原へと撤退する（➡P29）。
1388年	トゴン・テムルの息子のトグス・テムルが死去し、大元ウルスが滅亡する（➡P29）。

ことがらさくいん

地名さくいん

人名さくいん

■監修

渡辺信一郎（わたなべ しんいちろう）

1949年京都市生まれ。京都教育大学卒業、京都大学大学院博士課程東洋史学専攻単位修得退学（京都大学文学修士）。現在、京都市立芸術大学日本伝統音楽研究センター所長。著書に『中国古代社会論』（青木書店、1986年）、『中国古代国家の思想構造』（校倉書房、1994年）、『天空の玉座—中国古代帝国の朝政と儀礼』（柏書房、1996年）、『中国古代の王権と天下秩序』（校倉書房、2003年）、『魏書食貨志・隋書食貨志訳注』（汲古書院、2008年）、『中国古代の財政と国家』（汲古書院、2010年）、『中国古代の楽制と国家—日本雅楽の源流』（文理閣、2013年）、『旧唐書食貨志訳注』（汲古書院、2018年）ほか。

■著

吉野正史（よしの まさふみ）

1976年東京都生まれ。台湾清華大学で修士課程修了後、早稲田大学文学研究科博士後期課程単位取得退学。元早稲田大学非常勤講師。専門は、12世紀〜15世紀中国の政治史。論文に「元朝にとってのナヤン・カダアンの乱」（『史観』161、2009年）、「「耶律・蕭」と「移剌・石抹」の間 ——『金史』本紀における契丹・奚人の姓の記述に関する考察」（『東方学』127、2014年）、「巡幸と界壕 —金世宗、章宗時代の北辺防衛体制—」（『歴史学研究』972、2018年）。

■編　　集　こどもくらぶ（古川裕子）
■デザイン　吉澤光夫（装丁）、高橋博美（本文）
■企画・制作　株式会社エヌ・アンド・エス企画

この本の情報は、2018年7月までに調べたものです。この本では、中国の人名・地名などは原則として「日本語読み・慣用読み」でふりがなをふっています。

■写真協力

（表紙上段, 表紙下段中央, P4, P8）© Hecke01 ¦ Dreamstime.com
（表紙下段左上, P6, P14）© Beibaoke1 ¦ Dreamstime.com
（表紙下段左下, 裏表紙）メトロポリタン美術館
(P13) © Beijing Hetuchuangyi Images Co,. Ltd . ¦ Dreamstime.com
(P21左) © Yulia Belousova ¦ Dreamstime.com
(P21右) © Suryo ¦ Dreamstime.com
(P28) © Zjm7100 ¦ Dreamstime.com
(P30) © Evren Kalinbacak ¦ Dreamstime.com
※上記以外の写真そばに記載のないものは、フリー画像など。

■おもな参考図書

『中央ユーラシアの統合　9－16世紀』（岩波講座「世界歴史」11）岩波書店、1997年
松丸道雄、池田温、斯波義信、神田信夫、濱下武志編『世界歴史大系　中国史3　五代〜元』山川出版社、1997年
荒川慎太郎、澤本光弘、高井康典行、渡辺健哉編『契丹［遼］と10〜12世紀の東部ユーラシア』勉誠出版、2013年
飯山知保『金元時代の華北社会と科挙制度』早稲田大学出版部、2011年
上田信『中国の歴史09　海と帝国　明清時代』講談社、2005年
岡田英弘『モンゴル帝国から大清帝国へ』藤原書店、2010年
ジャネット・L．アブー＝ルゴド（佐藤次高等訳）『ヨーロッパ覇権以前　もうひとつの世界システム　上・下』岩波書店、2001年
白石典之編『チンギス・カンとその時代』勉誠出版、2015年
白石典之『モンゴル帝国誕生　チンギス・カンの都を掘る』（講談社選書メチエ652）講談社、2017年
杉山正明『大モンゴルの世界　陸と海の巨大帝国』（角川選書227）角川書店、1992年
杉山正明『クビライの挑戦　モンゴル海上帝国への道』（朝日選書525）朝日新聞社、1995年
月村辰雄・久保田勝一等訳『全訳　マルコ・ポーロ東方見聞録　『驚異の書』fr.2810写本』岩波書店、2002年
宮紀子『モンゴル時代の出版文化』名古屋大学出版会、2006年
宮紀子『モンゴル帝国が生んだ世界図』日本経済新聞出版社、2007年
森平雅彦『モンゴル帝国の覇権と朝鮮半島』（世界史リブレット99）、山川出版社、2011年
四日市康博編著『モノから見た海域アジア史　モンゴル〜宋元時代のアジアと日本の交流』九州大学出版会、2008年

中国の歴史・現在がわかる本　第三期① 13〜14世紀の中国

2018年9月1日　第1刷発行　　　　　　　　　　　　　　NDC222

監修者　　渡辺　信一郎
著　者　　吉野　正史
発行者　　竹村　正治
発行所　　株式会社かもがわ出版
　　　　　〒602-8119　京都市上京区堀川通出水西入
　　　　　営業部：075-432-2868　FAX：075-432-2869
　　　　　編集部：075-432-2934　FAX：075-417-2114
　　　　　振替　01010-5-12436
　　　　　http://www.kamogawa.co.jp/
印刷所　　凸版印刷株式会社

中国の歴史★現在がわかる本

（NDC222）

中国が世界での存在感を高めている今、日本人は中国・中国人についてもっと理解し、よりよい関係を築く方法を考えなければなりません。このシリーズは、中国が中国として成立していく過程に着目したあらたな構成で、古代から現在までをふりかえります。

監修／西村成雄（第一期全巻、第三期3巻）
渡辺信一郎（第二期全巻、第三期1・2巻）

★ 第一期 ★

1 20世紀前半の中国 著／貴志俊彦

2 20世紀後半の中国 著／日野みどり

3 21世紀の中国 著／阿古智子

★ 第二期 ★

1 紀元前から中国ができるまで 著／目黒杏子

2 2度目の中国ができるまで 著／岡田和一郎

3 13世紀までの中国 著／山崎覚士

★ 第三期 ★

1 13〜14世紀の中国 著／吉野正史

2 14〜17世紀の中国 著／田口宏二朗

3 17〜19世紀の中国 著／吉澤誠一郎